Robert de la Sizeranne

Degas et l'impressionnisme

Critique

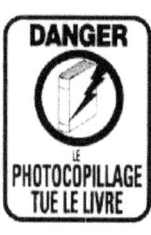 Le code de la propriété intellectuelle du 1er juillet 1992 interdit en effet expressément la photocopie à usage collectif sans autorisation des ayants droit. Or, cette pratique s'est généralisée dans les établissements d'enseignement supérieur, provoquant une baisse brutale des achats de livres et de revues, au point que la possibilité même pour les auteurs de créer des œuvres nouvelles et de les faire éditer correctement est aujourd'hui menacée. En application de la loi du 11 mars 1957, il est interdit de reproduire intégralement ou partiellement le présent ouvrage, sur quelque support que ce soit, sans autorisation de l'Éditeur ou du Centre Français d'Exploitation du Droit de Copie , 20, rue Grands Augustins, 75006 Paris.

ISBN : 978-1987484533

10 9 8 7 6 5 4 3 2 1

Robert de la Sizeranne

Degas
et
l'impressionnisme

Critique

Table de Matières

Introduction	7
Section I	8
Section II	13
Section III	22

Introduction

Plus tard, beaucoup plus tard, quand les historiens chercheront à tracer le tableau de la vie sociale et intellectuelle en Europe, à la veille de la grande catastrophe, — comme on a cherché à reconstituer les u derniers jours de Pompei, » — sans doute ils noteront que jamais la passion pour les objets d'art n'avait été si furieuse, jamais les enchères si folles qu'aux alentours de 1914. Et cela partout, à Paris comme à New- York et à Berlin. L'année 1912 surtout et le début de l'année 1913 furent marqués par une ruée inouïe de collectionneurs vers les ventes. Quelques heures avant l'orage, il y a ainsi des oiseaux et des insectes qui redoublent d'activité pour remplir de trésors leurs greniers. Parmi les chiffres grandissants qui faisaient pâmer d'aise le monde de la « brocante » et paraissaient un suprême triomphe du Beau à ceux qui confondent l'Art et l'Argent, un chiffre flamboya aux derniers jours de 1912. Un tableautin moderne, représentant une scène de genre, des *Danseuses à la barre*, venait d'atteindre 435 000 francs ! Il n'est pas sans exemple, mais il est rare de voir, du vivant de l'artiste, une pareille somme jetée sur son œuvre. Elle atteint parfois un chiffre supérieur, mais l'auteur, d'ordinaire, n'est plus là depuis longtemps pour s'en réjouir, et l'on ne peut que porter des lauriers à sa tombe. Cette fois, l'artiste était encore de ce monde, mais' si peu, si invisible, si indifférent, si taciturne, si absent de tout en plein Paris, et même en plein Montmartre, que les officieux qui coururent épier sur son visage les signes de quelque transport mégalomane en furent pour leurs frais. On n'en put tirer nul témoignage de plaisir. Le bruit courut alors que c'était un grand philosophe. On aurait pu s'en aviser plus tôt, car il n'avait jamais manqué de l'être, mais 435 000 francs font à une figure un cadre qui, pour la foule, rend ses vertus plus évidentes. De ce jour, le nom d'Edgar Degas, — car c'est lui que je veux dire, — fut connu de la foule. Il l'était depuis trente ou quarante ans, déjà, des artistes et des amateurs. On savait que ce prestigieux artiste, très âgé, la vue très affaiblie, presque aveugle, ne pouvait plus accroître sa production. Et cela ne nuisait pas au succès des ventes où on se la disputait. Il vient de mourir ; il vient de quitter ce monde où son art tenait tant de place et sa personne si peu. Les historiens, après avoir noté l'apothéose du vieux maître, se demanderont peut-être à quoi elle était due. Ils verront bien les mérites de sa peinture, — ils ne sont pas de ceux qui s'évaporent sous l'action du temps, — mais peut-être trouveront-ils entre eux et le succès qui les consacra quelque disproportion... Nous qui sommes plus près du phénomène, nous pouvons en rechercher les causes avec moins de chances d'erreur. Serait-ce par ses sujets et par ses idées que l'art d'Edgar Degas a mordu, à ce point, sur la sensibilité contemporaine ? Ou par son dessin et sa couleur, par la nouveauté de son accent, ou par tout cela tout ensemble et par une coïncidence singulière entre tout cela et les curiosités et les appétits psychologiques de notre génération ? Peut-être.

Section I

Il y a quelque quarante ans, à l'une de ces expositions d' « indépendants » ou d' « impressionnistes » qui se faisaient rue Le Peletier et déchaînaient chez les amateurs une hilarité à peu près universelle, je me rappelle qu'un artiste, classique autant qu'on peut l'être, après avoir considéré ces visages safran, ces ombres lilas, ces eaux écarlates, ces sous-bois rutilants, ces périssoires jaunes, ces figures balafrées de taches de soleil et de reflets verts qui faisaient ouvrir tout grands mes yeux d'enfant, dit à côté de moi, lentement et gravement : « Il y a quelque chose à prendre là... » Ce mot m'est souvent revenu à la mémoire, quand j'ai entendu citer celui de Degas : « *On nous fusille, mais on fouille nos poches !* » Sous une forme brève et cinglante, c'est, là, toute l'histoire de l'*Impressionnisme*. Elle ne justifie pas toutes les théories, ni toutes les extravagances de cette école ; seulement elle montre que les gens réfléchis d'alors n'en méconnaissaient pas l'apport utile et qu'ils comptaient bien en profiter. Mais l'artiste qui fit le mot est précisément le seul auquel il ne s'appliquait pas. On a très peu « fusillé » Degas, même à cette époque ; il n'a point du tout excité l'hilarité, et peu les sarcasmes de la critique. Cham, par exemple, qui ne manquait pas une occasion de clouer Manet au pilori, ne s'occupait pas de lui. Et, non plus, ses ennemis ne lui ont guère emprunté : ce sont ses amis qui lui doivent. Toute une école de dessinateurs elliptiques et d'observateurs implacables est sortie de lui : ce furent ses jeunes compagnons d'alors ou ses admirateurs.

C'est qu'en effet Degas n'était pas un « impressionniste ; » son succès n'est pas leur succès, leurs épreuves n'ont pas été ses épreuves, et son œuvre, au lieu de montrer, comme la leur, la réalisation incomplète d'espoirs trop vastes et de trop intransigeantes théories, nous offre le spectacle de la perfection dans un cercle d'art restreint et de recherches volontairement limitées.

Comment donc se trouvait-il dans cette bagarre ? Un peu comme un passant qui est pris dans une manifestation. Il est révolté par les «brutalités de la police. » Il s'insurge, il frappe, il crie, il est conduit au violon, et, si l'émeute triomphe, au pouvoir, sans avoir jamais été du parti qui a manifesté. À la fin de l'Empire, la police, dans l'Art, c'était l'Institut : il faisait bonne garde autour du *Salon*, où ne pouvait pénétrer une technique nouvelle, un sentiment imprévu qu'avec d'infinies précautions. Les Manet, les Boudin, les Jongkind n'y pénétraient guère. À ce moment, un ami de Gustave Moreau, un admirateur des vieux maîtres, qui s'était longuement formé en copiant Poussin ou Ghirlandajo, mais qui se mettait maintenant à peindre la vie moderne, s'approcha des artistes maltraités par le jury. C'était Degas. Il voyait refusées des œuvres qui, sans être des chefs-d'œuvre, décelaient des recherches intéressantes, pendant que les *Salons* et les musées s'encombraient de fades répétitions du passé, de redites de moins en moins personnelles, de pastiches de plus en plus édulcorés. Ces pastiches lui paraissaient non pas seulement une inutilité, mais une injure et une incompréhension des anciens maîtres. Il n'éprouvait pas un enthousiasme sans mélange pour l'Impressionnisme, mais il ressentait un vigoureux mépris de l'art académique. Très fier, très indépendant, il se sentait porté, aussi, par une sympathie instinctive, vers ceux qui ne demandaient rien à l'estampille officielle. Ce n'était pas, là, une question d'esthétique : c'était une question de caractère. Quand son concours fut sollicité, il ne le refusa pas. En 1874, à la première exposition d'impressionnistes, salle Nadar, il mit ses œuvres en même temps que Claude Monet, Cézanne, Sisley, Pissarro, Rouart, Berthe Morisot, Renoir. Dans la plupart des manifestations qui suivirent, il demeura leur compagnon fidèle. On prit ainsi l'habitude d'associer son nom au leur. Il recueillit, par ricochet, une part des injures qui leur étaient destinées, puis des apothéoses. Vu dans les mêmes expositions, il fut recherché par les mêmes amateurs ; il passa donc dans les mêmes collections, puis dans les mêmes salles de ventes, enfin dans les mêmes salles de musées. En 1894, quand on discuta l'entrée du legs Caillebotte au Luxembourg; en 1900, lorsque M. de Tschudi fit, pour le musée de Berlin, avec des deniers privés, les acquisitions d'impressionnistes qui déchaînèrent un si beau vacarme, Degas se trouva parmi les objets du litige. Et c'est ainsi qu'il fut « impressionniste » comme il aurait pu être « végétarien » et comme il fut effectivement « nationaliste : » cela n'avait aucun rapport avec sa peinture.

Toutefois, puisqu'il a longtemps porté cette étiquette, a fait partie de ce groupement, et vraisemblablement continuera d'y être confondu par l'histoire, il est bon de marquer les rapports que son art pouvait avoir avec l'impressionnisme et en quoi il en différait, d'autant que l'aventure qui lui arriva lui est commune avec beaucoup d'autres. En effet, quand on lit des textes, on voit que Manet, Whistler, Boudin, Jongkind, Lépine, Cals, Fantin-Latour, sont des « impressionnistes ; » mais quand on voit leurs œuvres, on n'aperçoit pas ce qu'elles ont de commun avec celles de Claude Monet, Renoir, Sisley, Pissarro, Berthe Morisot, Cézanne et tous ceux qui, selon la formule adoptée, ont « éclairci la palette » contemporaine. Car les premiers n'ont rien éclairci du tout. Ils sont souvent noirs, toujours gris, et si leurs ombres ont des finesses atténuées, ils ne présentent nullement ces effets rutilants de soleil, cette vibration de couleurs vives et crues qui distinguent les seconds. Rien n'est plus différent d'un Renoir qu'un Whistler, ni d'un Sisley qu'un Fantin-Latour, ou qu'un Cals d'un Claude Monet. Un passant non averti n'aura jamais l'idée de les mettre dans le même sac. Pour les y mettre, il faut élargir la définition de l'impressionnisme et ne plus parler d' « éclaircissement de la palette » ni de « lumières reflétées, » de « division du ton, » ni même de « plein air : » il faut abandonner toute notation spécifique de l'art de peindre et appeler de ce nom l'art de tous ceux qui, pour une raison ou pour une autre, étaient en lutte avec l'Institut et rompaient avec la tradition académique. Mais alors tout le monde y rentre : Géricault comme Delacroix, Corot comme Courbet, Millet lui-même et, jusqu'à un certain point, Fromentin et pourquoi pas Cazin ?... tous ceux qui ne peignaient point des Achilles, des Patrocles, mais la vie moderne, ou abandonnaient le paysage historique et composé pour peindre la campagne de France, comme ils la voyaient. Seulement, une définition aussi étendue et flottante n'est plus une définition : c'est une indéfinition, et pour avoir voulu dire trop de choses, on ne sait plus ce qu'on dit.

Pour qu'un qualificatif serve à quelque chose dans le langage, il faut qu'il attribue une qualité propre à l'objet qu'il qualifie. Il faut que cet objet le possède et que les autres ne le possèdent pas. Il faut ainsi qu'une définition soit à la fois un lien et une frontière, qu'elle unisse et qu'elle sépare, qu'elle unisse ensemble ce qu'elle vise et qu'elle le sépare de ce qu'elle ne vise pas. Il faut donc que les termes qui la composent soient assez généraux pour convenir à tout ce qu'elle évoque, mais assez spécifiques pour ne pas évoquer autre chose en même temps. Sans quoi, on ne voit pas bien à quoi elle peut servir et pourquoi les critiques et les artistes se sont donné la peine de créer le mot : impressionnisme, si c'était pour ne rien y mettre dedans… Or, si l'on réduit l'École nouvelle aux termes qui caractérisent ses chefs et qui les caractérisent seuls, à l'exclusion de leurs devanciers, et ainsi leur rendent cette justice qu'ils ont apporté véritablement à l'art un accent et un procédé nouveaux, on trouve que ces termes sont au nombre de trois : la prédominance de la couleur sur la ligne, la vivacité colorée des ombres et la formation des tons vifs par la juxtaposition de couleurs crues, l'œil de loin faisant le mélange. On trouve ces caractéristiques dans toutes leurs œuvres les plus fameuses, celles qui ont imprimé, dans notre œil, le prototype de cette peinture, et il est impossible de les trouver réunies chez aucun de leurs devanciers, en France, du moins. C'est donc bien le trait qui les distingue des autres et les fait se ressembler entre eux.

D'où vient donc la confusion habituelle ? De ceci que le mot « impressionniste » a eu et a conservé, à travers toutes les discussions, deux sens très différents : un sens large qui est le premier en date et que lui a conservé le public, et un sens étroit que lui donnèrent plus tard les artistes et qui, seul, sert à le reconnaître. Avant 1870, le mot » impressionniste, » sorte de quolibet, désignait, en bloc, tous les indépendants, les révoltés, les refusés de 1863 qu'on connaissait fort bien, puisqu'on leur avait ouvert un *Salon* spécial, et ce terme venait d'une de ces toiles inintelligibles comme sujet, que l'auteur avait fini par intituler *Impression*. D'une façon générale, et en réaction contre les thèmes classiques et la facture « léchée » de l'Institut, ces jeunes peintres choisissaient leurs sujets dans la vie moderne, souvent triviale, parfois un peu canaille ; ils n'appuyaient pas le contour et affichaient une facture large, heurtée, « truellée, » parfois au couteau à palette, toujours avec de grosses brosses, sans nul souci du détail, et quand on leur demandait lequel des anciens maîtres trouvait grâce devant eux, ils répondaient : Franz Hals. Après 1870, c'est-à-dire après le séjour de Monet, Sisley et Pissarro à Londres, c'est une tout autre couleur qui prévaut : « impressionnisme » veut dire lumière, vibration intense, interéchange de reflets entre les différents objets, éclat de couleurs juxtaposées presque crues, dans une facture de tapissier mêlant ses laines. C'est pour les uns une cacophonie, pour les autres un éblouissement, et quand on demande aux nouveaux venus s'ils ont un dieu parmi les anciens, ils répondent : Turner. Mais la foule, qui avait été très frappée par la facture large, heurtée, « bâclée, » du moins le croyait-elle, et par la trivialité des sujets des Indépendants de 1863, conserva le nom d'impressionnisme à tout ce qui offrait ces caractères, quelle que fût leur technique chromatique, parce que les caractères que je viens de dire étaient ceux qu'elle percevait le mieux. Tandis que les artistes, un peu plus précis dans leur discours, s'habituaient à considérer comme tels, surtout, les « luministes » et les « divisionnistes, » ceux qui avaient réellement « éclairci la palette. »

J'ai cité le voyage à Londres comme le tournant décisif de cette évolution picturale. C'est qu'en effet il y a bien des indices que Claude Monet, Sisley et Pissarro en ont rapporté sinon leur talent ou leurs dons d'observation, qu'ils tenaient de la nature, sinon leur exécution qu'ils acquirent par eux-mêmes, du moins le principe de leur coloris. Il y a, d'abord, ceci que Ruskin, alors très écouté en Angleterre, enseignait depuis de longues années « le plein air, de la première à la dernière touche » et la production des teintes vives par la juxtaposition de couleurs pures, sans mélange, enfin la théorie que « les ombres mêmes sont des couleurs et peut-être de plus vives couleurs que les lumières, » — ce qui est bien le signalement des peintres impressionnistes. À vrai dire, il se peut qu'ils n'aient pas lu Ruskin, ni causé avec ses disciples. Mais ils visitaient les musées, et nous voyons, par leurs lettres, qu'ils étudiaient chez Turner les

« recherches du plein air, de la lumière et des effets fugitifs » et que la facture de Watts et de Rossetti les impressionnait grandement. Or, il est facile de marquer, chez Turner et chez Watts, si apaisés et assourdis qu'ils soient par le temps, les touches ou les filaments de couleurs crues, qui ont servi d'exemples pour la « division du ton. » On peut, à la rigueur, supposer que nos impressionnistes avaient, déjà, en eux, l'idée de ce procédé nouveau. Mais il y a l'examen de leurs œuvres. Or, à l'examen des œuvres de Monet, de Pissarro et de Sisley, avant leur voyage à Londres, on voit que leur gamme colorée était celle des Corot, des Manet, des Courbet, des Boudin, et qu'après ce voyage, ils ont peint dans la gamme très haute, très claire qui les distingue. Et ceci est décisif.

Maintenant, lequel de ces caractères généraux ou spécifiques de l'Impressionnisme retrouve-t-on dans l'œuvre de Degas ? Aucun. Que doit-il à la théorie du plein air, des lumières reflétées, de la division du ton ? Rien. Où a-t-il été chercher la nature dépouillée de toute convention, l'humanité de tout artifice, la figure sans pose et sans fard ? À l'Opéra. Il a peint les êtres les plus artificiels qui soient au monde, sous une lumière factice ou sous un jour tamisé, dans une gamme très modérée, grise et fine. Pourtant, il est vrai que son œuvre a étonné, interloqué et même scandalisé les classiques par sa modernité aiguë et provocante ; il est vrai, aussi, que la critique a entrepris, récemment, de nous le présenter comme un « classique » renouant les plus pures traditions de l'École française. Il y a bien des contradictions là-dedans. Pour les éclaircir, il n'est que de regarder son œuvre.

Section II

D'abord, les sujets. Ils sont toujours très « modernes, » sauf quelques négligeables essais du début. Mais ils sont fort particuliers et ne se présentent pas d'eux-mêmes à la vue de tout le monde. Il faut généralement payer quelque droit d'entrée pour voir les lieux où se déroulent les actions chères à Degas : une salle de spectacle, les coulisses, le pesage ou l'enceinte des courses, un cirque, un café-concert. Les scènes de ses principaux chefs-d'œuvre, le foyer de la danse pendant les répétitions, les classes de ballets, sont inaccessibles, même en payant, au commun des mortels. On est donc obligé de le croire sur parole et de louer la véracité du narrateur sans avoir été jamais témoin des faits racontés. On en juge par analogie avec ce qu'on a pu voir, ou entrevoir ailleurs, et c'est très légitime, mais c'est la preuve qu'il y a eu a choix. » La théorie moderniste que l'art ne doit pas choisir ses sujets, comme l'art classique ou l'art romantique, mais les prendre au hasard, tels que les offrent la nature et la vie, se trouve immédiatement démentie par cette volonté expresse de s'enfermer dans un lieu interdit au public, à un moment où des figures, costumées de façon spéciale, y font des gestes rares et appris. Jamais classiques et romantiques n'ont fait choix d'un sujet plus étroitement circonscrit et la plupart de nos contemporains n'ont pas vu davantage ces scènes bien « modernes, » je veux dire les répétitions de ballets, qu'ils n'ont vu les *Horaces* prêtant leur serment, ou *le Massacre de Scio*.

Ce sont, là, ses sujets topiques. Il en a parfois d'autres, qui sont à proprement parler des études : telles, ses *Suites de Nuds de femmes se baignant, se lavant, se séchant, s'essuyant se faisant peigner*, ou des scènes de mœurs sur les frontières de l'humorisme, telles que *l'Absinthe*, la *Chanteuse verte*, les *Deux Repasseuses*, ou même des anecdotes, comme *l'Intérieur*. Il a même fait quelques portraits, c'est-à-dire le portrait d'un bouquet de fleurs, auprès duquel, pour meubler le coin du tableau il a mis une tête de femme. Mais ce ne sont pas, là, les visions qu'évoque le nom d'Edgar Degas. Celles qu'il a créées en ce sens qu'elles n'auraient point, sans lui, la place qu'elles ont dans l'art, ce sont ses évocations de la vie théâtrale : Le *Foyer de la danse*, la *Répétition d'un ballet sur la scène*, les *Classes de danse*, la *Danseuse dans sa loge*, les *Fauteuils d'orchestre*, la *Danseuse étoile* ou la danseuse saluant le public, son bouquet à la main, c'est-à-dire des sujets tirés d'un monde tout artificiel.

Ses modèles sont, par là même, des produits très spéciaux de la civilisation contemporaine, de son luxe, de son entraînement, de sa misère et sa déchéance physiologique : des jockeys, des filles, des ballerines surtout. Ce n'est plus la danseuse, Muse ou Grâce, de l'artiste classique, de Mantegna, par exemple, aux formes robustes, saines, pleines, qui danse lentement, comme elle mange, comme elle boit, comme elle chante, par plaisir, laissant ses membres prendre, à leur aise, les attitudes que lui dictent sa grâce naturelle et son besoin de mouvement. C'est la danseuse par force, par ambition, par misère, — et par besoin de repos. C'est surtout la danseuse par dressage. Elle est bien près de la saltimbanque. C'est le « rat d'opéra, » mince, nerveux, chlorotique et affamé, avec ce « populacier museau » que le maître lui-même, dans un de ses sonnets, a chanté. De là, une anatomie et une myologie très particulières, que Degas a grand soin d'étudier et de mettre en relief. Au lieu de voiler sous un contour, non pas conventionnel, mais d'une vérité générale, les déformations professionnelles de la Danseuse, il les dégage et les souligne, marquant, parla, mieux que ses devanciers, des vérités particulières. Il fait pointer les coudes, bomber le cou-de-pied, saillir les omoplates et les barres de la clavicule, enfler les jambes développées par un exercice incessant. Il montre les bras en baguettes, la poitrine resserrée, le front étroit et têtu, le teint chlorotique, toutes les pauvretés physiologiques de l'apprentie-étoile, telles qu'elles lui apparaissent exposées à la lumière crue et blafarde de la rue Le Peletier. Le modèle chez lui est donc aussi spécial que le sujet. On a beaucoup plaisanté les artistes académiques, autrefois, parce qu'ils se croyaient obligés d'aller chercher leurs modèles sur les marches du Pincio ou aux alentours de la place Pigalle, dans une race particulière d'Italiens habitués à poser. « Ce n'est point là, leur disait-on, l'humanité vraie. » On n'aperçoit pars en quoi la ballerine l'est davantage ; on aperçoit au contraire, tout de suite, ce qu'elle a de plus artificiel et de factice que la Transtévérine ou la bergère de Subiaco. On appelle souvent « vrai » en art ce qui contredit le précédent mensonge de l'art.

Même le cheval, chez Degas, est très particulier à notre époque : c'est le cheval de course, tout en pattes, fait comme un lévrier, produit d'une sélection rigoureuse et d'un entraînement prémédité. Comme le lévrier, il a l'air de ne toucher le sol, du bout de ses longues jambes suspendues, que par une condescendance extrême pour les lois de la pesanteur, auxquelles les autres êtres sont misérablement assujettis. Certes, il est « vrai, » mais les percherons de Rosa Bonheur sont vrais aussi et plus fréquemment rencontrés dans nos campagnes de France que le gagnant du Grand Prix. Le cheval de Degas n'est donc ni le cheval « nature, » ni le cheval fréquent : c'est l'artificiel et l'exceptionnel.

Comment ces sujets choisis et ces modèles rassemblés sont-ils mis en cadre ? D'une façon très nouvelle et qui a vivement surpris quand elle a paru. Presque jamais la figure principale n'est au milieu du tableau ; parfois elle est mise dans un coin, en pénitence ; il arrive même qu'elle est coupée en deux par le cadre. C'est de la composition centrifuge, c'est-à-dire diamétralement opposée à la composition classique. Par ce moyen, la scène semble avoir été prise sur le vif, au hasard, sans aucun groupement prémédité. C'est la vie même, dit-on. C'est la vie, en effet, mais point telle que, naturellement, l'œil humain la place dans le champ de sa vision. Car notre œil se fixe de lui-même, par une pente invincible, sur ce qui l'intéresse le plus, sur la figure vivante par exemple, dans un espace vide, et non pas sur un point de cet espace vide. Or, dès l'instant qu'il se fixe sur une figure ou un groupe de figures, elles se placent au milieu de son champ visuel, c'est-à-dire au milieu du cadre que le regard découpe dans l'espace, et non pas sur les bords. C'est, là, une loi physiologique, à laquelle n'échappe pas plus un homme du XXe siècle que n'y échappait l'homme des cavernes ou un élève de Poussin. Pour y échapper, il faut maîtriser son regard, le détourner de ce qui l'attire, le fixer sur ce qui ne l'appelle pas, c'est-à-dire composer artificiellement sa vision. On obtient, ainsi, un morceau de nature, tel que peut le prendre un kodak enregistrant au jugé, sans viser, ce qui passe dans le champ de l'objectif. C'est ce qu'a fait Degas et peut-être est-ce bien l'objectif, en effet, qui lui en a donné l'idée. Car ce dessinateur tout personnel ne méprisait pas plus les conquêtes de la science que ne les eût méprisées un Léonard de Vinci ou tout autre grand Renaissant. Il était même passionné de photographie. Il en faisait en plein air, à l'intérieur ; il en recherchait avidement les effets de nuit, à la lumière. Il est même curieux de noter que le grand principe de la photographie : le *contrejour*, est devenu l'une des habitudes chères à Degas. Je ne veux pas dire qu'il se soit jamais servi de l'appareil pour dessiner, — l'ingénuité de son trait est trop évidente, — mais ce que la photographie a révélé de mal connu dans le geste et le mouvement n'a pas été perdu pour lui. Une autre caractéristique de sa mise en cadre est que, par un parti pris évident, il place presque toujours son point de fuite très haut, en dehors du tableau. On dirait ainsi qu'il voit les choses et les gens du haut d'une échelle, les lignes du parquet montant éperdument vers le haut du cadre ; il est l'homme qui peint les planchers, ou pour mieux dire, les « planches. » C'est très naturel, lorsque c'est de danseuses qu'il s'agit et qu'on peut supposer le spectateur dans une loge plongeant, du regard, sur la scène. Ce l'est moins, lorsqu'il s'agit de scènes d'intérieur ou même de répétitions de ballet dans les salles de leçons, mais c'est un moyen de développer des groupes nombreux sans les enchevêtrer, et surtout de montrer les « pas » de la danseuse dans ses nuances et ses minuties. Pour la même raison que le portraitiste se place plus bas que son modèle, parce que c'est la tête qu'il étudie, Degas se place plus haut parce qu'il étudie les pieds.

Et alors, rien ne se perd des mouvements nouveaux qu'il s'est donné la mission de nous révéler. Il peut paraître étrange qu'à notre époque, après que tant de milliers d'yeux pendant tant de siècles ont épié les gestes de l'homme et que tant de mains se sont appliquées à les reproduire en image, il y en ait encore d'inédits. Cela est pourtant. Les exercices d'assouplissement en vue de la danse, l'étude minutieuse des « pas, » les paraboles des bras, tout ce qu'on pourrait appeler la gymnastique de la grâce, enfin ces merveilles d'acrobatie esthétique où triomphe l'« étoile, » voilà des mouvements qui n'avaient pas trouvé leur interprète. Sans doute, la danse elle-même avait été mille fois représentée. C'est depuis longtemps, c'est depuis toujours que l'artiste a été séduit par cette musique des gestes. On a même parfois la surprise d'en voir les figures qu'on croit les plus modernes, ou, si l'on veut, les plus « décadentes, » dans des monuments anciens, comme, par exemple, la petite statuette antique du cabinet des Médailles. Mais les gestes particuliers auxquels oblige l'étude préparatoire du ballet : l'exercice de la barre, la marche lente sur les pointes, les flexions jusqu'à terre, tout cela était aussi peu connu que les mouvements justes du cheval au pas, au trot ou au galop. Degas nous l'a révélé. Ses danseuses ne se tiennent pas dans une attitude définie, comme les Camargos du XVIIIe siècle. Les pieds picotent le plancher, les mains semblent prendre appui sur l'air, les coudes pointent, les tailles se cambrent dans le tourbillon lumineux des gazes, et le pas rapide, saccadé comme un *pizzicato*, semble amener, d'une seule glissade, la ballerine jusqu'au bord de la rampe. C'est l'illusion même du mouvement.

Ce mouvement ou ce passage d'une attitude à une autre, d'un

état à un état différent, Degas le saisit non seulement dans l'action, mais dans le repos. Ses rats d'opéra offrent des observations plus subtiles encore dans l'immobilité que dans le ballet. Il a noté les mines surprises, un peu décontenancées, de la figurante parée de façon nouvelle, qui continue, dans son déshabillé, les gestes qu'elle faisait toute vêtue, qui a froid, qui frissonne, qui se fatigue, qui bâille et qui s'ennuie, le mélange saugrenu des gestes récemment appris et des gestes qu'elle n'a pas encore eu le temps de désapprendre, la grâce un peu niaise, l'application puérile, et le sérieux imperturbable de tout ce petit monde remuant de libellules en classe, médusé par un gros bourdon, grondeur et distributeur d'amendes, qu'est le régisseur, le passage de l'état de concierge ou de fruitière à l'état d'« étoile, » la chenille au moment où elle devient papillon, toute une modulation subtile et un instant rare, que les autres peintres avaient négligé de saisir. De dessin plus vrai, plus serré, plus caractéristique de la dissemblance précise entre une attitude et une autre, il n'y en a pas dans toute l'École française. L'œil le plus pénétrant est servi par la main la plus sûre. Il n'y a pas deux traits interchangeables, il n'y a pas un point mort. Aussi, devant ce prodige de vie qu'est un *Ballet* de Degas : « C'est cela ! voilà qui est vrai ! voilà la nature ! » s'écrie-t-on. Mais on se trompe. C'est bien d'une vérité criante, mais ce n'est pas la nature : c'est le comble de l'artifice. Il n'y a pas, dans toute la peinture académique, une attitude aussi peu dictée par la nature, ni si difficile à garder que celle de la *Danseuse sur une pointe*, par exemple. Ce n'est pas la vérité totale sur la femme, même moderne : c'est une des modalités innombrables dont se compose l'être vrai et certainement la moindre en quantité, la moins répandue sur la surface du globe. Le « rat d'opéra » est une exception, au même titre que le Peau-Rouge ou le Botocudo. Mais cette exception intéresse infiniment le Parisien, le dilettante mondain, le psychologue de coulisse et de fumoir. Elle est suggestive de nombreuses théories sur le transformisme social et l'éternel féminin, un thème à dissertations prolongées : pour tout dire, le seul thème où le discoureur ne lasse jamais son auditoire et n'est jamais considéré comme un bavard. Toute observation juste sur un pareil sujet le frappe donc comme une vérité profonde, éternelle, comme le prototype même de la vérité. Tel, le geste chez Degas. Le succès en art, comme en littérature, ne tient pas au mérite intrinsèque de l'œuvre : c'est trop évident quand on considère que l'œuvre ne changeant pas, le succès change et peut croître ou diminuer à l'infini. Une œuvre réussit, bonne ou mauvaise, quand elle coïncide avec un sentiment, ou satisfait une curiosité. Celle-ci a coïncidé. Tandis que les artistes admiraient le tour bref et discret dont l'artiste résumait son observation, l'impeccable sûreté de son dessin, son modelé digne d'un sculpteur, les abonnés de l'Opéra s'intéressaient aux ébats enfantins, aux mines surprises, indécises, embarrassées et pourtant effrontées de ses modèles. Ils étaient sans doute sensibles à ce que l'observation du maître a de spécifiquement esthétique, car l'intérêt qu'on prend à un sujet développe à la longue le sens de l'observation ; mais si Degas avait dépensé son génie à observer et à rendre les gestes vrais du faucheur, du puddleur, du mineur ou du souffleur de verre, il est probable que les Parisiens eussent mis beaucoup plus de temps à s'apercevoir qu'un grand observateur leur était né.

Quand ils s'en aperçurent, ils allèrent un peu loin. Les critiques virent, là, non seulement une juste peinture de mœurs, mais une diatribe, un réquisitoire contre la Femme et le théâtre. Degas, s'il faut en croire Huysmans, avait voulu « implacablement rendre la déchéance de la mercenaire abêtie par de monotones sauts. » Car il était « de ces esprits supérieurs qui peignent ce milieu qu'ils abominent, ce milieu dont ils scrutent les laideurs et les hontes. » Bref, c'était « une attentive cruauté, une patiente haine » qui avait armé son bras des crayons du pastel. Voilà qui est bien douteux. Degas, lui-même, s'il a lu ces lignes, n'a pas dû être médiocrement surpris en apprenant, par la voie de la presse, que c'était la haine de la femme qui l'avait acheminé vers les coulisses de l'Opéra… Disons tout simplement que c'était une curiosité d'artiste. Le moraliste, chez lui, ne venait qu'après, s'il venait… Il était amusé, comme tout œil sensible aux nuances nouvelles de la vie moderne, par les poses, les prétentions, les gestes et les reflets de celles qu'il appelait : « les petites concierges que j'aime, filles de Terpsichore. » Et comme, ces gestes, nul ne les avait fixés avant lui, il les fixait : voilà tout.

Les figures ainsi choisies, groupées, mises en place et dessinées, comment les éclaire-t-il ? Comme elles le sont dans la réalité, c'est-à-dire de la façon le plus artificielle du monde. C'est à quoi, fatalement, aboutit toute recherche simultanée du « moderne » et du « vrai. » Le signe distinctif de la « modernité » étant souvent l'artifice, et le trait le plus spécifique de notre époque étant la substitution des agents mécaniques aux agents naturels, plus on veut donner avec acuité la sensation de la vie moderne, plus on est amené à figurer des artifices. Ainsi, de l'éclairage au gaz, à l'électricité, à l'acétylène, aux vapeurs de mercure. Sur la scène, par exemple, l'éclairage des figures est doublement faux : en couleur et en valeur, c'est-à-dire par la teinte même de la lumière et par l'incidence du rayon lumineux. Qu'il tombe de la herse ou qu'il jaillisse de la rampe, il frappe la figure tout autrement que la lumière naturelle. Il aplanit des reliefs très sensibles, modèle avec vigueur d'imperceptibles méplats, enflamme ce qu'il touche comme une torche, laisse des points dans une ombre complète, bref, brouille et trahit les formes humaines dans un miroitement continuel d'indiscrétions, d'exagérations et de mensonges, comme un commérage mondain. Degas est le sorcier de ces sortilèges lumineux. Il les manie comme nul autre. Les gazes feuilletées, pailletées, allumées en tournoyant aux feux de la rampe, les pénombres subtiles des portants et des rideaux, le mouchetage et la bigarrure des reflets venus de tous les côtés à la fois, contradictoires et heurtés, n'ont jamais trouvé interprète si fidèle. Il donne la sensation exacte de tous ces mensonges de la lumière. Il est parfaitement naturel devant ce qui n'est pas la nature et rend avec une intense vérité ce qui n'est pas vrai.

Enfin, il a le don le plus nécessaire, le plus inexplicable, et le plus incommunicable du peintre : le don du coloriste. La couleur, chez lui, se confond souvent avec la valeur. Celle-ci est tellement juste et fine que, quelle que soit la couleur qu'elle exalte, mesure, dose ou assourdit, pourvu qu'elle soit légère, elle chante harmonieusement. Même dans le monochrome, on sent le coloriste, comme on sent un poète, même dans la prose. De fait, un de ses chefs-d'œuvre, — qui est un chef-d'œuvre, — la *Répétition d'un ballet sur la scène*, au Louvre, est presque un monochrome. Mais ce n'est pas là toute la qualité de sa couleur ; elle en a de plus éclatantes : ses roses, ses noirs, ses jaunes, ses blancs sont exquis et font penser aux meilleures sonorités de l'Ecole espagnole. La finesse de l'œil ne peut être dépassée. Quant à la main, elle est d'une habileté prodigieuse. Sa facture a changé plusieurs fois. De lisse qu'elle était au début, elle est devenue plus vive, parfois même emportée. Dans le pastel, surtout, elle a quelque chose de mobile, de léger, d'impétueux, qui fait plus d'une fois penser à l'un des maîtres qu'il adorait, à La Tour. Degas se définissait lui-même : « un La Tour canaille. » Pour exagéré que soit le mot, dans sa modestie, il nous définit parfaitement ses ambitions de coloriste et le côté le plus séduisant de son art.

C'est, en effet, un art essentiellement français et français du XVIIIe siècle, c'est-à-dire fait de mesure, de tact, de notes justes, de touches discrètes, de légèreté, d'esprit. Il y a tel tableau de Lancret, *le Colin-Maillard* par exemple, qui est à Stockholm, où l'on sent que commence la recherche du geste et du pas, de l'inflexion nuancée, que poursuivra Degas. Sauf dans une ou deux figures de *Blanchisseuses*, et sa scène *Au café* de la salle Caillebotte, au Luxembourg, l'expression n'est jamais appuyée. Il s'arrête toujours en deçà du point précis où l'accident dépasserait le type, où l'observation deviendrait ironie. Quelquefois, il ne s'arrête pas de beaucoup… Un pas imperceptible, et ses imitateurs sont dans la caricature, où il n'est pas, où il ne glisse jamais et précisément la sensation du danger où il est de tomber, où il ne tombe pas, est exquise et un régal des plus délicats.

Je crois que je viens de dire quelques-unes des qualités classiques de l'École française. Degas serait-il donc un classique ? Il ne l'est ni par ses sujets, ni par ses modèles, ni par sa composition, ni par son éclairage, mais nous venons de voir qu'on ne saurait l'être davantage par le dessin, par la mesure et par l'esprit. Quand on considère tout ce qui, dans un tableau, est l'extérieur de l'art de peindre, on dit : c'est un novateur, c'est un révolutionnaire, et l'on n'a pas tort. Quand on serre de près les caractères spécifiques, on dit : c'est un traditionaliste, et l'on a raison. C'est la différence des points de vue qui fait la différence des jugements. Classique, Degas ne l'est peut-être pas, mais français, de la bonne tradition française, il l'est à coup sûr.

Au total, cet art fait de dons exceptionnels, mais aussi d'une intelligence très habile à s'en servir, offre ce double et précis caractère d'être nouveau sur tous les points et d'être voulu. Il n'est pas étendu, il se limite à quelques ambitions seulement : le dessin ne porte que sur des modèles que l'artiste a pu étudier à loisir, les effets d'éclairage sont ceux qu'il a pu vérifier indéfiniment, les modulations de la couleur ne sont pas cherchées au delà d'une gamme qu'il possède parfaitement. Et, aussi, il n'a pas de point faible. Ce n'est donc pas l'essor spontané du génie, puissant, généreux, débordant dès sa jeunesse, abordant tous les rêves, poursuivant toutes les grandeurs, c'est l'adaptation lente d'un talent très souple, aux fins limitées qui peuvent le mieux lui convenir. En effet, nul plus que Degas n'a tâté, tâtonné, essayé *quid ferre recusent, quid valeant humeri*, avant d'entreprendre son œuvre. Mais s'il s'est cherché longuement, il s'est entièrement trouvé et pleinement réalisé. Son originalité est complète, — ce qui prouve qu'il n'est pas nécessaire d'ignorer pour découvrir. Il connut fort bien les maîtres, tous les maîtres. Il copia Poussin, copia Ghirlandajo, copia Rembrandt, admira Delacroix, adora M. Ingres, écouta Gustave Moreau, — et fit du Degas. Il n'admirait pas moins ce qu'a dit tel ou tel vieux maître, mais ce qu'il a dit est dit ; si l'on parle après lui, c'est pour dire autre chose. Il admira le grand art, et peut-être bien en eût-il fait, s'il se fût senti la force d'en faire ; mais ce qu'il ne voulait pas, c'était faire du petit grand art, comme beaucoup de ses contemporains. Plutôt que d'être inférieur aux maîtres dans l'art supérieur, il préféra franchement s'en tenir au « genre, » et comme il était supérieur au « genre, » il le grandit jusqu'au caractère.

Section III

Un tel art suppose une longue vie. Si Degas était mort à quarante ans, son œuvre ne serait pas née. On prête à Hokousaï ce mot : « À soixante-dix ans, j'ai commencé à entrevoir ce que c'est que le dessin. Si j'arrive à cent-dix ans, il n'y aura rien chez moi, ni un point ni une ligne, qui ne soit vivant. » Chez Degas la formation, pour être plus rapide, n'en est pas moins très lente. Elle suppose les moyens d'attendre. Comme Puvis de Chavannes, il a vécu assez pour se bien connaître lui-même et, comme chez Puvis, le souci du pain quotidien ne vint jamais dicter, hâter ou interrompre son œuvre. Tous deux furent de grands artistes placés dans les conditions matérielles et sociales de « l'amateur. » Tous deux devinrent originaux parce qu'ils eurent le temps d'observer les maîtres et de démêler ainsi, méthodiquement, ce que les maîtres avaient laissé d'inexprimé. Leurs dons naturels étaient grands, leurs efforts personnels plus grands encore, mais les circonstances favorables de vie et de milieu où ils se trouvèrent furent indispensables à leur développement.

À Degas elles n'ont pas manqué. Né en 1834, à Paris, d'une famille riche, où se trouvent, déjà, des amateurs d'art, conduit enfant à Naples, revenu jeune homme à Rome, entouré, dès les premiers éveils de la curiosité, par de belles choses et de beaux exemples, habitué de l'Italie et des musées avant d'être initié à la vie moderne, c'est un prédestiné de la peinture. On ne signale pas, en lui, la vocation violente qui brise les obstacles : il n'y a pas d'obstacles. Lettré, mondain, voyageur, il est soustrait par la diversité des horizons et par le bon sens et la finesse critique de ses proches aux exagérations des théoriciens d'ateliers. Il va et vient d'un maître à l'autre, sans aucune chaîne matérielle, ni morale, et d'un spectacle populaire à un spectacle mondain, sans connaître les entraves des commandes, ni de la célébrité. Ses thèmes ne lui sont imposés par rien. Assidu des coulisses de l'Opéra où il est introduit et accompagné par les plus spirituels observateurs des mœurs contemporaines, il voit lentement se former devant ses yeux les tableaux qu'il va peindre. Il n'expose sa première œuvre topique de ce genre qu'en 1872, à trente-huit ans ; il n'est célèbre que vers 1889. Peu lui importe d'ailleurs : il sent qu'il progresse… Un succès plus rapide l'emprisonnerait peut-être dans une formule. Souvent un artiste est pris dans son succès comme le ver à soie dans son cocon : il en meurt. Degas, au contraire, comme Hokousaï, met, année par année, plus de vie dans son trait. Le temps travaille pour lui.

C'est sans doute en pensant à tout cela qu'il dit, un jour, à un jeune artiste pressé d' « arriver : » « De mon temps, monsieur, on n'arrivait pas ! » parole toujours citée et grandement admirée par la critique, mais qui n'offre aucun sens intelligible à quiconque sait l'Histoire de l'Art, « arriver » ou n' « arriver point » n'ayant jamais été un critérium du génie. Il se peut que le génie ne s'imposât pas vite au temps d'Edgar Degas, mais le temps d'Edgar Degas n'est pas le seul, dans la suite des siècles, où l'on ait fait de la bonne peinture, et dans le temps où l'on a fait la meilleure, au temps de Raphaël et de Michel-Ange, on « arrivait, » on arrivait vite, on arrivait à vingt ans… Voilà ce qu'aurait pu répondre au maître tardigrade le jeune « arriviste » et encore eût-il pu ajouter ceci qu'il était loisible au fils de banquier qu'était Degas, d'attendre soixante-dix ans pour vivre de son pinceau, mais qu'à ce prix-là on ne pourrait guère citer d'artiste, même parmi les plus grands, qui eût pu peindre… Le mot le plus admiré d'Edgar Degas est donc le seul mot prudhommesque et vain qu'il ait jamais prononcé…

Car nul n'était moins prudhommesque, ni sentencieux que son auteur. En le peignant comme un juge armé d'un code et de balances esthétiques, en faisant de lui une réincarnation de M. Ingres, la légende l'a tout à fait déformé. L'homme a été aussi mal défini que l'œuvre. Ou plutôt, l'image qu'en a donnée la légende est le résultat d'un risible malentendu. Comme Degas ne se tenait pas à la disposition du public, on en conclut qu'il avait horreur du monde. Il avait horreur de la foule, ce qui est un peu différent, et refusait énergiquement de monter sur les tréteaux, en quoi précisément il se montrait homme du monde. De même, parce qu'il ne se précipitait pas dans les bras de tous ses admirateurs, on en conclut qu'il n'avait pas d'amis, quand c'était précisément parce qu'il en avait, de choisis et de fidèles, qu'il ne ressentait aucune curiosité des indifférents. Au reste, il ne croyait pas que l'admiration pour une œuvre donnât au public des droits sur l'ouvrier, ni qu'il fût l'obligé de quiconque criait « bravo ! » devant ses *Danseuses*. Enfin, les critiques et les amateurs qui faisaient son éloge dans une langue obscure et furibonde lui faisaient proprement horreur, et c'est pour eux, surtout, qu'il a émis l'aphorisme fameux : « Les lettrés expliquent l'Art sans le comprendre. » Même célèbre, il croyait avoir le droit de causer sans phonographe, de se promener sans kodak, d'ouvrir sa porte sans qu'un interviewer se glissât dans son atelier. Voilà à quoi se réduisait sa misanthropie. Mais tout cela n'était qu'une défense. En fait, Degas n'était distant que pour les artistes, — ceux, du moins, que leur qualité d'esprit n'avait pas fait entrer dans son intimité. Il n'était rogue et renfrogné que « dans le service, » si l'on peut dire, quand on s'adressait à lui comme à un « maître, » ou à un confrère, ou à un fabricant de peinture… Au demeurant, l'homme était sociable comme un homme du xviiie siècle, spontané, primesautier, impétueux et tendre. C'est le hasard qui l'a fait le confrère des habitués du café Guerbois : il aurait dû aller à Ramponneau : ses vrais contemporains étaient Chardin, La Tour, Fragonard, les Encyclopédistes ; ses joies, la causerie alerte, le commerce épistolaire, la chronique de l'Œil-de-Bœuf. Le nom qu'on lui donnait au dehors. *Monsieur* Degas, s'il évoque un aspect de pontife ou de bourgeois empesé, est exactement le dernier qui lui convint. Pas plus qu'un rapin ou un impressionniste, Degas n'était un doctrinaire ou un bourgeois.

C'est seulement dans les dernières années qu'il se mit à ressembler au portrait que la légende avait tracé de lui et qu'il mérita le nom d' « ours gris » dont il aimait jadis, lui-même, à s'affubler. Et cela fut l'effet des seules circonstances. Sa vieillesse fut triste, comme celle de presque tous les observateurs ironiques de la vie : Hogarth, Gillray, Robert Seymour, Daumier, Gavarni, Traviès. Presque aveugle, la vue trop affaiblie pour travailler encore, il ne peignait ou ne dépeignait plus que par des « mots. » On ne savait trop ce qu'il était devenu, mais de temps en temps, un artiste à la mode, promenant allègrement, dans les salles du *Salon* ou sur l'avenue de Villiers, sa gloire satisfaite, se sentait transpercé par un trait barbelé, venant on ne sait d'où, tombé du ciel, semblait-il, émis par un sagittaire mystérieux… On s'informait, on prononçait, tout bas, avec terreur, le nom de Degas… C'est lui qui avait dit, jadis, d'un jeune nourrisson des muses académiques, subitement adonné aux plus folles intempérances chromatiques de l'impressionnisme : « Le Pompier qui a pris feu ! » Jusqu'à la fin, il décocha des traits semblables. On en avait une peur atroce. On lui en prêta qu'il ne fit pas, mais il en fit que d'autres s'attribuèrent : ainsi, l'équilibre se rétablit.

Pourtant, l'homme n'était pas méchant et l'ami était sûr. Mais la haute idée qu'il avait de l'art lui rendait insupportables les prétentions et les inutilités des faux artistes. L'art n'est utile qu'à la condition d'être tout à fait supérieur : une œuvre secondaire ne vaut pas la plus humble besogne ouvrière, puisqu'elle ne remplit pas le rôle utile à la vie que la besogne remplit. Ce point de vue, qui est le vrai, n'est que difficilement admis par nombre de gens qui envisagent, là, une carrière ou un débouché dans le monde. Celui qui s'y tient est une énigme. Degas s'y tenait. Nature très fine, hypersensible, cuirassée d'ironie, comme les scarabées le sont de corne, pour moins sentir les heurts du chemin, ne prenant nul plaisir aux plaisirs des raffinés par trop de raffinement, ni des vaniteux par trop d'orgueil, ennuyé des théories, fatigué des personnes, exact mensurateur des esprits et des cœurs, se servant de son crayon comme d'une jauge, de ses yeux comme d'un scalpel, il demeurait, pour ses confrères, l'objet d'un étonnement prodigieux. Nul plus que lui ne s'éloignait du type convenu de l'artiste parisien, tel que l'étranger se le figure : fastueux et sportif, tenant une palette d'une main, un fleuret de l'autre, les cœurs à ses pieds. Nul n'était plus désintéressé. Souvent, dans ces dernières années, quelque grand trafiqueur d'art frappait à sa porte, les poches pleines de bank-notes, les mains avides, avides surtout d'emporter les figurines que le maître modelait. Il s'en retournait les poches toujours pleines, les mains toujours vides, parfois avec quelque sarcasme collé sur l'échiné.

L'étonnement des confrères redoublait. Lorsqu'au milieu de décembre 1912, à la vente Henri Rouart, son tableau des *Danseuses à la barre* atteignit 435 000 francs sur une demande de 200 000, et son pastel *Chez la modiste* 82 000 francs, comme on le félicitait : « Que voulez-vous que cela me fasse ? dit-il, je suis comme le cheval qui a gagné le Grand-Prix : il n'a jamais que son picotin d'avoine. » Ce propos ne recelait aucune amertume : Degas n'en désirait pas plus. Quant à l'admiration qu'on pouvait ressentir pour son œuvre, il ne l'évaluait pas d'après le chiffre des achats. Il savait fort bien qu'il y a plus de désir spontané chez le modeste acheteur des débuts que chez le riche collectionneur de la fin. Si un amateur paie une œuvre d'art 400 francs, c'est qu'elle lui plait ; s'il la paie 400 000, c'est qu'elle a plu à d'autres. Le peintre des *Danseuses* ne prêtait pas la moindre attention à ces contingences. C'était l'ermite ou le religieux de l'art, à la manière française, c'est-à-dire sans austérité, sans extase, sans sermon, et avec un bon estoc pardessus son froc, mais avec une foi et un détachement pareils à ce qu'on imagine chez Ugo van der Goes ou l'Angelico.

Ainsi, à mesure que son œuvre se répandait, il se rembuchait dans une retraite plus profonde ; plus il avait d'admirateurs et de disciples, plus il se sentait isolé. C'est qu'il l'était au sens « bourgeois » du mot : l'un après l'autre, disparaissaient ses amis de la première heure, une à une se taisaient les voix dont le timbre l'avait charmé. Et ce hautain esprit, qu'on croyait insensible ou indifférent aux émotions vulgaires, était bien plus attristé par la solitude assise à son foyer que distrait par la gloire. *Nothing but fame!* cette légende navrante d'un des plus beaux dessins de Dana Gibson eût été sa plainte, s'il s'était plaint. Dans les derniers temps de sa vie, il ne parlait presque plus. Il allait et venait dans sa chambre ; parfois, il interrompait sa promenade et son silence pour demander tout à coup : « Et un tel ? » — « Mort… » était-on obligé le plus souvent de répondre. — « Ah ! » Et il reprenait sa promenade. On eût dit qu'il comptait les disparus et attendait un certain nombre mystérieux pour les rejoindre. « En scène pour le III ! » cris de jadis fièvre des coulisses, effluves des salles surchauffées, monde artificiel et brillant, vie haletante, fardée, toute en attitudes et en« mots, » tornade de vibrions lumineux, tout ce qu'évoquent à nos yeux les visions qu'il a fixées disparaissait dans le silence et dans l'ombre. Et l'on voyait surgir, derrière le beau et impassible visage du vieillard, la figure qu'Holbein met derrière toutes ses figures, celle qu'on oublie, qui n'oublie pas.

ISBN : 978-1987484533

www.ingramcontent.com/pod-product-compliance
Lightning Source LLC
Chambersburg PA
CBHW071000220526
45471CB00007B/3112